Índice de contenido

Introducción

Funciona

Lo Que Tienes En Tus Manos

El Método

¡Ahora Si!

Resumen de tu Plan de Trading

Algunos Recursos Extra

Crea Tu Plan de Trading Rentable en 5 Pasos

por Álvaro Cid ® - 2018 -

www.LaBuenaInversion.com

Copyright 2018 - Álvaro Cid

- Todos los derechos reservados –

Madrid – España

Información y Derechos

Crea Tu Plan de Trading Rentable en 5 Pasos

por Álvaro Cid ® - 2018 -

www.LaBuenaInversion.com

DERECHOS:

El poseedor de estos materiales NO tiene los derechos de reventa o de redistribución, no podrá entregarlo de ningún sitio web, ni incluirlo en ninguna membresía, entregarlo como bono de regalo o como incentivo de suscripción. Por favor, recuerda que el éxito de cada uno depende de sus propios conocimientos, capacidad de aprendizaje, dedicación, deseo y motivación. Como en todo negocio, no podemos garantizar al cien por cien que vayas a obtener ingresos implementando las ideas expresadas en este manual. Ahora bien, deseamos que las ideas aquí expuestas, te ayuden a construir un negocio fuerte y rentable.

Ninguna parte de este informe puede ser reproducida o transmitida en ningún tipo de formato electrónico, mecánico o impreso, incluyendo fotocopias, grabaciones o cualquier soporte de información sin la expresa autorización por escrito de los autores.

AVISO LEGAL:

La información presentada aquí representa el punto de vista de los autores de la misma en su fecha de publicación. Debido a que las condiciones del mercado y las variables endógenas y exógenas que influyen en los negocios, los autores de esta publicación, se reservan el derecho de alterar o modificar esta información basada en las nuevas condiciones. Esta publicación tiene únicamente un objetivo de información y no constituye contrato, ni prueba del mismo. Ni el autor, ni los editores o los afiliados y partners de esta publicación, asumen ninguna responsabilidad de los errores, inexactitudes u omisiones. Cualquier descuido en estos aspectos no es intencionado. Cualquier referencia a alguna persona u organización viva o muerta, es puramente accidental.

Copyright 2018 Álvaro Cid - Todos los derechos reservados – Madrid – España

Introducción

A muchas personas les gustaría poder invertir en bolsa y ganar dinero hasta el punto de vivir completamente de ello. Pero tienen un pequeño problema con ello: y es que no saben cómo hacerlo.

Algunas de estas personas incluso han empezado a invertir en bolsa con resultados pobres. Este es el punto en el que la mayoría abandona y considera que invertir es muy arriesgado para todos. Tristemente la mayoría no conseguirá la rentabilidad en el mercado que esperaba.

Esta guía te ayudará a crear tu propio método o plan de Trading. He diseñado los pasos después de años de prueba y error en el mercado y en mi metodología de inversión, de esta forma podrás conseguir los resultados positivos que deseas en el mercado si sigues estos simples pasos.

En el caso de crear un plan de Trading las "malas soluciones" serían:

* **Basarte en noticias o consejos de otros**

Todos sabemos que los medios de comunicación tratan de ganar dinero a costa de casi todo. Por lo tanto, tratar de operar tras escuchar una noticia o una recomendación sin analizarlo previamente es una de las peores cosas que puedes hacer en tu inversión.

* **Seguir el plan de acción de otra persona**

En este caso, seguir el plan de acción de otra persona también suele desembocar en una pérdida significativa de nuestro capital, a pesar de que el sistema copiado sea efectivo en el mercado.

Esto es así, sobre todo, por el capital emocional, que es distinto en todos nosotros, y hace que las operaciones con el mismo sistema siempre acaben siendo ligeramente o ampliamente distintas.

Este método está pensado para cualquiera, aunque no tenga experiencia previa en el mercado. También es útil para todo aquel que tenga conocimientos profundos sobre análisis técnico, análisis fundamental, y experiencia invirtiendo todo tipo de productos, ya sean CFDs, opciones financieras, divisas o acciones.

Los pasos son intuitivos y muy fáciles de seguir. De hecho siguiendo este método lograrás aprender más sobre ti mismo y tu operativa, y podrás mostrar un método a otros inversores o empresas de PropTrading que te puede hacer ganar más dinero.

Con este sistema de actuación conseguirás:

* Dividir y verificar cada una de las partes que componen tu plan de Trading o, dicho de otra forma, tu forma de actuar mientras inviertes

* Conocerte más como inversor porque establecerás objetivos de rentabilidad realistas en base a tu capacidad actual

* Una vez tengas tu plan, puedes probarlo, optimizarlo, alquilarlo, o incluso utilizarlo como carta de presentación hacia otras empresas o instituciones

* Por último, y como aspecto fundamental, te permitirá ser rentable en el mercado. Sin este sistema que tú mismo vas a crear, a través de los pasos que te voy a mencionar y mostrar, nadie es rentable y consistente en el mercado. Todo profesional cuenta con su plan de negocios y en este caso sería su plan de inversión

Funciona

Este método recopila, combina y ordena de forma lógica los pasos que debemos dar por sentido común para llegar a los objetivos, es decir, ser rentables. Y que, sin embargo, no solemos dar.

He organizado varios métodos de inversión con esta metodología, de tal forma que una entrada y salida rentable formaran un sistema efectivo y rentable a largo plazo.

El calendario de trabajo ha sido realizado en una serie de pasos que debes realizar si o si, aunque sean muy personales y distintos para cada persona. Si sigues estos pasos y aplicas el conocimiento que ya tienes sobre los mercados financieros, te garantizo que tendrás un plan sólido. La efectividad del plan depende de tu capacidad de aplicar tus conocimientos teóricos y, sobre todo, prácticos. Si es la primera vez que creas un plan de trading, ten encuenta que tendrás que modificarlo una y otra vez a medida que pruebes tu sistema durante un tiempo y veas su efectividad. Si no es efectivo a la primera, no te desesperes. Es normal modificar parcial o completamente tu sistema de inversión varias veces hasta que éste se adapte a la primera parte, y más importante, que son tus objetivos de rentabilidad basados en tus objetivos personales.

Sírvete una taza de café y pon la música que más te motive. El documento que vas a crear, con tu propio plan de Trading, va a cambiar la forma de pensar, de actuar y de obtener ganancias en el mercado. Organizar tus ideas con este método será divertido y satisfactorio. Será una experiencia profesional que recordarás cuando pase el tiempo y que podrás replicar siempre que quieras.

Lo Que Tienes En Tus Manos

Me ha tomado varios años de prueba y error en el mercado, para darme cuenta de que si quiero subir de nivel necesito un plan de acción concreto, fácil de seguir y rentable al mismo tiempo. Al principio era un novato con muchos conocimientos. Todo lo que veía lo intentaba aplicar, e incluso aquellos sistemas probados como rentables eran un fracaso en mis manos, porque no tenía un plan de acción sólido y consistente. Yo he creado este método de cinco etapas. Menos etapas que cinco creaban un plan cojo y la mejora del plan también quedaba insuficiente. Más que estás cinco etapas queda algo con tantos datos e información que reinaría la parálisis por análisis. Este concepto implica que no actuaríamos por miedo a no tener todo perfecto y determinado. Con este plan, sin embargo, conseguirás sacar de ti tu método y actuar con él en el mercado. Si deseas un plan mucho más profundo puedes añadir más pasos dentro de cada una de las etapas, prácticamente hasta el infinito, pero no te lo aconsejo. Mejor un plan sencillo y efectivo que un plan largo y complicado que nadie logra entender del todo.

Las etapas son:

1. Fijar objetivos

* Objetivos personales

* Objetivos de rentabilidad

* Fortalezas y debilidades

* Soluciones

2. Fijar reglas de entrada y de salida

* Momento del mercado

* Estudio fundamental y técnico del contexto

* Reglas de entrada

* Reglas de salida

3. Gestión de la operación

* Stop loss

* Take profit

* Duración de la operación o timeframe

* Noticias o sucesos importantes

4. Probar la estrategia

* Manual

* Automático

5. Optimizar

* A ojo

* Por valor y parámetros

El Método

1. Fijar Objetivos

En esta etapa lo principal es ser honestos con nosotros mismos y con el conocimiento que tenemos. Con eso en la mente, vamos a fijar los objetivos o metas que queremos lograr.

* Objetivos personales

Antes de nada, debemos tener claro qué queremos en nuestra vida lejos de la economía y de lo material. Tenemos que establecer lo que queremos como personas en el plano físico, profesional, espiritual, mental y familiar.

Una vez establecido estos requerimientos, podremos avanzar hacia lo que necesitamos para conseguirlos, desde el punto de vista material o económico.

Para este tipo de objetivos lo mejor es sentarse una hora por la mañana nada más levantarse y cuanto más pronto mejor para tratar en silencio de oír nuestras intenciones más profundas. No quiero que sea un método científico, ni cerrado. Debes dejar fluir tu imaginación, tus deseos y no ponerle frenos. Escribe ahora tus objetivos a un año, a tres años, a 10 años y a 50 años.

Estos primeros pasos, pueden parecer irrelevantes, pero créeme es el paso más importante que debes dar para concienciarte con tu propio plan. Hay que empezar siempre por el porqué.

Un ejemplo de ello sería:

"A un año quiero ser respetado en mi trabajo, estar delgado, aprender la teoría de las opciones financieras y ponerla en práctica durante unos meses y meditar durante 20 minutos al día como mínimo.

A tres años quiero empezar a ser un referente en mi trabajo, tener una rutina de ejercicios diaria, ser un buen trader en opciones financieras y meditar regularmente más de una hora.

A 10 años quiero ser un referente nacional en mi trabajo, ser cinturón negro en algún arte marcial, vivir muy cómodamente solo con unos cuantos clicks del ratón a la semana y hacer viajes enriquecedores.

A 50 años quiero haber cambiado la vida de muchas personas, estar sano y fuerte y ser recordado como una persona que ha dejado huella".

Un consejo que te doy es el de no cerrarte tú mismo las puertas. Podrás cambiar y lo cambiarás a menudo a medida que pasa el tiempo, pero es importante escucharte en el presente en base a lo que realmente deseas del futuro hoy.

* Objetivos de rentabilidad

En este punto, ya podemos hacer, de manera más científica, nuestros objetivos de rentabilidad.

Para realizar correctamente este apartado debemos entender primero como establecer los objetivos. Los objetivos según la técnica Smart deben ser:

Específicos: Los objetivos que establezcas deben ser lo más objetivos y concretos que puedas.

Medibles: deben poder medirse.

Alcanzables: si no los puedes alcanzar no son objetivos.

Realistas: por otro lado deben ser realistas y retadores.

Establecidos en el tiempo: si no tiene una fecha de finalización, solo son sueños y no objetivos.

Una vez aclarado este punto, piensa que la mayoría de los inversores ganan un 30 o 40% anual y son aquellos que saben lo que hacen. Otros consiguen hasta un 25% mensual, pero ser consistente en esa cifra puede ser considerado una barbaridad y todo un hito.

Sabiendo esas cifras generales y tu conocimiento actual del mercado y tu experiencia, sitúa tus metas de rentabilidad semanales, mensuales y anuales.

Un ejemplo de esta parte sería:

"Una rentabilidad mensual de 5%, lo que sería una rentabilidad anual del 60%". Yo con esta rentabilidad sería más que feliz, además se adapta a mi metodología de trabajo que trata de no invertir muchísimo tiempo en la inversión.

Como recomendación, haces tus objetivos mensuales y anuales. Si haces muchas operaciones diarias puedes hacerlo semanales. Se trata de que sea un aliciente y no que provoque más agobio negativo del que quita.

* **Fortalezas y debilidades**

En este punto vamos a analizar nuestras fortalezas y debilidades obtenidas de la experiencia en el mercado, es decir, las fortalezas y las debilidades que hayamos visto en nuestra operativa.

Este tipo de fortalezas y debilidades pueden venir de nuestra experiencia operando o de nuestra personalidad. Dependiendo del punto en el que te encuentras lo habrás observado en una u otra fuente.

Para resolver esta etapa debemos:

Analizar

Tenemos que analizar nuestro comportamiento operando, o como personas, para poder determinar después que fortalezas y que debilidades tenemos.

Encontrar

Después de analizarnos, tenemos encontrar aquellas cuestiones a pulir ya sea por ser malas o destacar las que sean buenas y mantenerlas.

Sopesar

Una vez llegados este punto debemos sopesar si son suficientemente importantes para nuestra operativa y si no lo son, descartarlas.

Un ejemplo claro de fortaleza en mi caso sería:

"Consigo gestionar mis operaciones ganadoras adecuadamente por lo general".

Un ejemplo de debilidad sería:

"Me cuesta gestionar adecuadamente las operaciones que empiezan siendo perdedoras, aguantando en exceso la mayoría de ellas. Aunque siempre pongo un stop loss que no traspaso nunca."

Ejemplos de fortalezas y debilidades por personalidad y no por experiencia en el mercado serían:

"Manejo bien la presión, pero tengo mucha aversión al riesgo ".

Lo mejor que puedes hacer para realizar correctamente este punto es practicar en el mercado con una cuenta demo y ver en que eres bueno y que eres malo.

* **Soluciones**

La misión de esta etapa es encontrar solución para los puntos débiles y centrarse más en aquellos puntos fuertes que permitan mayores rentabilidades.

Para ello tenemos que ser creativos y pensar por nuestra cuenta y, en base a nuestra experiencia, cómo podemos resolver los puntos negativos de nuestra operativa y cómo podemos mantener nuestros puntos fuertes día a día y operación tras operación.

Un ejemplo de esta etapa en el ejemplo anterior sería:

"Para poder mantener mi fortaleza de gestionar bien mis operaciones ganadoras, debo de anotar mis pensamientos y acciones cada vez que esto ocurra.

Y si quiero gestionar mis debilidades, en concreto la de mantener demasiado tiempo operaciones perdedoras, debo establecer un tiempo máximo de operación a partir del cual si la cosa no va bien, debería pensar en salir aunque sea con pequeñas pérdidas."

Para realizar este pundo correctamente tienes que ser consecuente con las soluciones que has decidido aportar. Estas soluciones no son estáticas e inamovibles, sino que debes cambiarlas siempre que sea necesario y veas que no da el resultado esperado.

2. Fijar Reglas de Entrada y de Salida

Ahora vamos a entrar en lo que la gente conoce exclusivamente como plan de Trading equivocadamente. En esta sección vamos a ver cómo establecer tu plan de acción en base a una reglas de entrada y de salida, así como de un contexto adecuado para que funcionen.

* Momento del mercado

El momento de mercado es crucial para que la técnica funcione adecuadamente. El objetivo es aclararte que no todos los mercados funcionan igual en todo momento y que tenemos que seleccionar, por lo tanto, una banda de actuación óptima.

Para ello los pasos a seguir son muy sencillos.

Si tu estrategia es puramente de análisis técnico, debes operar en zonas muertas del mercado. Estas suelen ser de 11:00-12:00 am, de 19:00-20:00 y de 23:00-24:00 siempre que no haya noticias fundamentales por medio.

Si tu estrategia es puramente de análisis fundamental, deberás esperar a que sucedan las noticias y para estar al tanto de ellas te recomiendo, en el caso de Forex: myfxbook.com

Si tu estrategia es un híbrido o no funciona en esos intervalos, deberás hacer estudios a distintas horas durante varios días para determinarlo correctamente.

* Estudio fundamental y técnico del contexto

En estrategias direccionales, lo más importante es el contexto y tener claro qué pasos dar para analizarlo correctamente. Aunque desgraciadamente, esto no se puede estandarizar, sino que cada trader debe hacerlo en base a su estrategia.

Los pasos que yo sigo y que te sirva solo a modo de ejemplo son:

Analizar previamente la situación fundamental de las monedas, de los índices y por último de las acciones.

Posteriormente analizo técnicamente los gráficos relevantes al activo en el que voy a invertir. Si por ejemplo voy a invertir en una acción de Estados Unidos, analizo el euro dólar, el S&P 500 y la acción en concreto (incluso su sector y subsector).

Una vez hecho esto tengo claro, sin garantías, hacia donde se mueve el mercado.

Para no fallar en esta parte te recomiendo tener paciencia, ser diligente y pensar con la cabeza y con los datos, no con las emociones, ni con lo que queremos ver o creer.

* Reglas de entrada

Llegados a este punto, ya vas perfilando más tus pasos a seguir.

Ahora, simplemente, tienes que incorporar la reglas de entrada, ya sean basadas en indicadores o figuras técnicas o en aspectos fundamentales.

Este libro se basa en crear un plan de Trading, no en explicar todo lo relacionado con el análisis técnico y el análisis fundamental. Sería un libro de más de 1000 páginas.

Si no sabes nada sobre el tema, te recomiendo que te inicies en estas fuentes:

- **Análisis técnico**

- **Análisis fundamental**

Un ejemplo de ello muy sencillo sería:

"Cuando el precio cruza la media móvil de 200 sesiones hacia arriba, compra, y si el precio cruza la media móvil de 200 sesiones hacia abajo, vende".

Esta parte es una de las más importantes, pero no la más importante. He visto sistemas de trading con entradas sencillas ganar mucho dinero si había una buena gestión detrás.

Por lo tanto, en este punto prima la sencillez y la efectividad , así como que tú entiendas por qué va a pasar lo que debe pasar en base a los indicadores o aspectos elegidos. Esto no es un juego de alquimia en el que tienes que echar unos u otros ingredientes hasta que salga lo que quieras, debes entender plenamente lo que haces y lo que debería hacer el mercado, es decir, entender el por qué.

*** Reglas de salida**

Tan importante es entrar como salir adecuadamente de la operación con ganancias.

Para llevar a cabo adecuadamente este punto, debemos tener claro las reglas de salida.

Te recomiendo que leas los artículos y contenidos que enlazado arriba para que puedas establecer tu método de salida.

Un ejemplo de esto sería:

"Cuando el parabolic SAR se ha superado o cruzado sal de la operación".

Hacer esto con precisión, requiere de muchos conocimientos, que por desgracia no puedo compartir fácilmente en este libro por la inmensa profundidad del tema.

3. Gestión de la Operación

Se dice que menos del 20% del tiempo somos traders y el 80% restante somos gestores de la operación. Y es cierto, y ya que gestionar la operación adecuadamente es lo que verdaderamente nos va a hacer ganar dinero. Para ello tenemos que:

* Stop loss

Establecer el stop loss. El stop loss es un precio que seleccionamos por debajo de una compra o por encima de una venta para asegurarnos de no perder más del dinero que queremos arriesgar. Para ello tenemos que colocar una orden stop.

Esto es obligatorio siempre que hagamos cualquier operación y bajo cualquier circunstancia, ya que si no podemos perder toda la cartera en una sola operación.

Una de las formas de hacerlo correctamente es calcular, si estamos comprando en un soporte, la distancia desde la anterior resistencia hasta ese soporte y proyectar hacia abajo.

Mi recomendación también es que siempre lo pongas en un punto lógico, más allá de cálculos o distancias previas. Por ejemplo, si vas a comprar en un soporte, lo lógico es situarlo por debajo de ese soporte, a la distancia que consideres. Pero si estás comprando por encima el soporte, no tiene sentido colocar el stop loss un poco por encima del mismo, ya que aunque el precio vaya a tu favor en algún momento, es posible que toque ese punto aunque la operación sea ganadora al final.

* **Take profit**

Establecer el take profit. El take profit es una orden limitada por encima de una compra o por debajo de una venta, que permite salirse de la operación con un objetivo de ganancias conseguido.

Este aspecto ya no es obligatorio y dependiendo de la operativa de cada uno sería más recomendable o menos. Las ventajas es que te olvidas de la operación, ya que si es ganadora no tienes que estar pendiente de salirte, ella sola se saldrá si consigues llegar a cierto nivel. La desventaja es la posible pasividad en tu operativa, que te impediría estar alerta si la situación cambia y salirte antes de que el mercado caiga.

Un ejemplo para situarlo correctamente es colocar una orden limitada a la misma distancia que el stop pero en dirección contraria. Es decir, que si el stop está a dos euros del precio de compra, puedes colocar el take profit a dos euros del precio de compra, por encima del mismo. Esto sería una relación mínima de uno a uno, y en Forex es aceptado, pero en las acciones o índices se recomienda que sea una relación mínima de dos a uno.

De nuevo para que esto te salga bien tiene que tener lógica. Si el precio al colocarlo está muy por encima de una resistencia y estás comprando, es posible que el precio no rompa la resistencia y nunca llegue a ese punto. Sin embargo, si está un poco por debajo de la resistencia es más probable que llegue a ese punto.

* Duración de la operación o timeframe

Es básico establecer la duración de la operación mínima, máxima y óptima. De esta forma sabremos cómo actuar en cada una de las circunstancias.

Por ejemplo: " si la operación dura más de dos horas, voy a buscar el mejor precio para cerrar en un máximo de 15 minutos. Si estoy en barras o velas de cinco minutos."

La mejor forma de definir esto, es basarte en tu propia estrategia de entrada y salida y en el tamaño de las velas que quieres utilizar para tu operativa. Es decir, si eres un inversor rápido e impulsivo o más paciente y tranquilo. En el primer caso serás un scalper y en el segundo caso serás mas un day trader.

En cualquier caso, si estás empezando te recomiendo seleccionar como mínimo velas de una hora en adelante.

* Noticias o sucesos importantes

También debes decidir si vas a operar las noticias o sucesos importantes o te vas a alejar de ellas.

Un ejemplo de este caso es: "Si hay una noticia cerca, como mi método es de análisis técnico, no voy a operar durante esas horas y operaré a partir de una hora después de una noticia de importancia ".

Una vez más, esto lo determinará tu método. Si se basa en análisis fundamental, lógicamente esperarás a que ocurran las noticias que buscas.

4. Probar la Estrategia

Y ahora que ya sabemos todo lo que tenemos que hacer en función de cada situación. Tenemos que probar que sea rentable hacerlo así.

Para ello hay dos formas:

* Manual

La forma manual, que consiste en crear una plantilla en Excel y rellenarla durante no menos de 100 operaciones.

Una vez rellenado, sabremos el porcentaje de acierto, la rentabilidad y otros aspectos de nuestra operativa.

La finalidad es tener un ratio de beneficio/riesgo lo más elevado posible.

* Automático

Otra opción, es crear o traspasar la estrategia a un código de programación, que nos permita automatizar las pautas a seguir. De esta forma conseguimos hacer un back testing de muchos años para atrás y con otras facilidades. Lo negativo de este sistema es que no hay mayor herramienta analítica que la mente humana. Por ello, desde el contexto hasta la entrada y salida no será analizado por un ser humano sino por una máquina.

5. Optimizar

Una vez hayamos comprobado que es rentable, debemos tratar de optimizar el sistema para cada momento del mercado y para cada activo.

Para ello, de nuevo, podemos hacerlo de dos formas:

* A ojo

Esto es una táctica que recomiendo siempre hacer, y es adaptar cada indicador y cada herramienta al gráfico en el que nos encontramos.

Por ejemplo, si una media móvil de 100 sesiones es necesaria en nuestro sistema, debemos situarla de tal forma que en un mercado alcista, el precio quede por encima la mayor parte del tiempo, y en un mercado bajista quede por debajo, el precio, la mayor parte del tiempo. De esta forma nos aseguramos un mejor desempeño de la herramienta utilizada.

* Por valor y parámetros

Otra forma sería la de optimizar los parámetros del sistema automático. Para ello tiene que existir primero un sistema automático.

Existen varias herramientas para realizar esta optimización de forma casi inmediata, así como de programar el sistema sin necesidad de usar código de programación. El programa que yo utilizo es Visual Chart. Googléalo y descárgatelo, es gratis a final de día y muy útil.

¡Ahora Si!

¡Perfecto! Ahora sabes los pasos a realizar para crear tu propio plan de inversión en bolsa. También sabes que tener un plan es la diferencia entre ser un trader profesional o un simple espectador.

Podrás crear un plan de Trading con este método sí:

* Eres un trader experimentado que conoce reglas de entrada y salida del mercado y querías englobarlo en un método sólido y rentable.

* Eres un trader novato que está empezando y que necesita saber los pasos adecuados a dar desde el primer momento.

* Dispones de ganas para ganar dinero en el mercado de forma profesional.

Recuerda que este método no sirve para crear un plan de inversión de otras materias como bienes raíces, fondos de inversión, etc.

Para que tu plan tenga éxito debes seguir 2 sencillos pasos:

1. Crear el método o plan

2. Seguirlo siempre sin excepciones

Es común quererse saltar las reglas que nosotros mismos escribimos con la cabeza por motivos emocionales. La cuestión es que en la bolsa no hay sitio para las emociones, todo debe ser un análisis detallado y concienzudo para poder aprovechar las ineficiencias del mercado.

Si te ves en una situación que tu método todavía no incluía , actúa ahora, analízalo después, añádelo a tu método y actúa de nuevo si surge la oportunidad desde tu renovado plan.

Resumen de tu Plan de Trading

1. **Fijar objetivos**: Si no sabemos a donde vamos, nunca llegaremos

* *Objetivos personales*: Hay que empezar en la persona

* *Objetivos de rentabilidad*: Después continuar con la meta material

* *Fortalezas y debilidades*: qué se te da bien y qué mal

* *Soluciones*: cómo adoptas soluciones a lo malo y perpetuar lo bueno

2. **Fijar reglas de entrada y de salida**: cómo entras y sales del mercado normalmente

* *Momento del mercado*: cual es el momento óptimo para entrar y salir

* *Estudio fundamental y técnico del contexto*: el contexto del mercado es fundamental para saber hacia donde se mueve

* *Reglas de entrada*: cómo vas a entrar al mercado

* *Reglas de salida*: cómo vas a salir del mercado

3. **Gestión de la operación**: qué harás una vez dentro

* *Stop loss*: obligatorio protegerse de las pérdidas

* *Take profit*: opcional situar una protección de beneficios.

* *Duración de la operación o timeframe*: en qué períodos se mueven tus operaciones

* *Noticias o sucesos importantes: qué harás con ellas*

4. **Probar la estrategia**: Probar la rentabilidad de dicho método creado

* *Manual*: de forma manual y discrecional

* *Automático*: de forma automática, programando el sistema de trading

5. **Optimizar**

* *A ojo*: recomendado hacerlo siempre en el aspecto del análisis técnico

* *Por valor y parámetros*: Utilizar programas como Visual Chart para facilitarte la ejecución de la optimización.

Algunos Recursos Extra

El mejor libro en español, si todavía no lo conoces, para mí sobre trading es: "[Leones contra Gacelas](.)".

La combinación de estos dos libros, el mío y el que te recomiendo, puede ser un método rentable y fiable que puedes incluso vender.

Una vez tengas tu método escríbeme [aquí](.) y te pondré en contacto con empresas que te pueden facilitar su dinero para que inviertas con él.

[Descárgate gratis esta guía para que sepas de qué estoy hablando.](.)

Espero que apliques este método para darle un giro radical a tu afectividad como trader. Recuerda adaptarlo siempre a tu situación.

Mucha suerte y brindo por tus éxitos.

Álvaro Cid desde [LaBuenaInversión.com](.)

www.ingramcontent.com/pod-product-compliance
Lightning Source LLC
Chambersburg PA
CBHW030549220526
45463CB00007B/3041